# LE SECRET
## DE LA
# FORMATION DES MOTS

### RÉVÉLÉ

POUR FAIRE SUITE À L'OUVRAGE INTITULÉ

LA DÉCOUVERTE DE L'ORIGINE ET DES ÉTYMOLOGIES DES MOTS
ET DES NOMS QUI COMPOSENT LA LANGUE FRANÇAISE

## PAR LETELLIER

*Le mot impossible est à rayer du vocabulaire français.*
NAPOLÉON

## L. HACHETTE ET Cie
LIBRAIRES DE L'UNIVERSITÉ ROYALE DE FRANCE

**A PARIS**
RUE PIERRE-SARRAZIN, N° 12
(Quartier de l'École de médecine)

**A ALGER**
RUE DE LA MARINE, N° 12
(Librairie centrale de la Méditerranée)

1847

# LE SECRET DES MOTS

## RÉVÉLÉ

Paris. — Imprimerie Panckoucke, rue des Poitevins, 14.

# LE SECRET

## DE LA

# FORMATION DES MOTS

## RÉVÉLÉ

POUR FAIRE SUITE A L'OUVRAGE INTITULÉ

**LA DÉCOUVERTE DE L'ORIGINE ET DES ÉTYMOLOGIES DES MOTS
ET DES NOMS QUI COMPOSENT LA LANGUE FRANÇAISE**

## PAR LETELLIER

Le mot *impossible* est à rayer du vocabulaire français.

NAPOLÉON.



# L. HACHETTE ET C^{IE}

LIBRAIRES DE L'UNIVERSITÉ ROYALE DE FRANCE

**A PARIS** | **A ALGER**
RUE PIERRE-SARRAZIN, N° 12 | RUE DE LA MARINE, N° 117
( Quartier de l'École de médecine ) | ( Librairie centrale de la Méditerranée )

## 1847

# LE SECRET

#### DE

# LA FORMATION DES MOTS

#### RÉVÉLÉ.

Le siècle actuel est fertile en découvertes de toute espèce ; mais parmi celles que nous voyons éclore chaque jour, il en est peu ou point qui arrivent tout d'abord au degré de faveur qui leur est nécessairement réservé dans l'opinion publique. Il suffit même que quelques-unes de ces découvertes n'aient pas répondu tout à fait à chacune de leurs promesses pour que toutes indistinctement se trouvent, pour un temps du moins, enveloppées dans une même proscription. Tout ce qui surtout sort de la route ordinaire, tout ce qui tend à détruire ou ébranler les erreurs ou les préjugés vulgaires est assez généralement mal accueilli. Ce que, faute d'étude spéciale ou d'examen assez attentif, on ne conçoit pas bien, est souvent considéré comme une rêverie, un paradoxe ou une impossibilité. L'esprit humain a naturellement ses préventions, qu'il est toujours difficile de détruire. Si l'homme instruit, le savant, est celui en qui l'on trouve le moins de préjugés, par compensation aussi il tient plus fortement qu'aucun autre à ceux qu'il a. Qu'on ne cherche pas, par exemple, à démontrer à un savant que les mots français sont sortis de la

langue française comme les mots latins sont nés du latin ;
que les mots de l'une et l'autre langue renferment une
phrase entière et complète, laquelle phrase exprime purement et simplement le sens propre des mots, c'est-à-dire les
idées que nous attachons à chacun d'eux ; qu'on ne dise
rien de tout cela, car il ne le croira pas, et bien loin d'y
croire et d'examiner les preuves à l'appui du système, il
le rejettera de suite bien loin en le considérant comme le
comble de l'absurde. Une telle assertion, dira-t-il, est
d'autant plus ridicule qu'elle renverse toutes les idées
admises depuis des siècles, lesquelles ne reconnaissent
d'autres étymologies aux mots et noms français que celles
provenant du grec ou du latin. Vouloir faire entendre aux
savants que les mots et les noms français sont d'origine
gauloise ou française ; qu'ils sont formés de leur propre
substance ; que ceux-là même qu'on fait généralement dé-
river du grec sont essentiellement français, voilà, sans con-
tredit, qui va passer à leurs yeux pour le comble de la
témérité et même de la folie, et cependant la chose est
certaine ; nous le démontrerons bientôt par des preuves
aussi nombreuses qu'incontestables. En présence de ces
preuves qui doivent briller aux yeux comme la lumière
qui nous éclaire, le doute devra nécessairement disparaître
entièrement. Il n'est donné à personne d'empêcher la vérité de se faire jour. Chassez-la de son sanctuaire cette
vérité, bientôt elle y rentrera malgré les obstacles dont on
peut l'environner. Chacun aujourd'hui applaudit aux merveilles de la vapeur appliquée aux chemins de fer, et cependant le récit de ces merveilles fut tout d'abord accueilli
en France par le doute et même le rire de l'incrédulité.

Nous allons donc nous attacher à démontrer le plus
clairement qu'il nous sera possible, que depuis les temps

les plus reculés, dès l'origine du monde peut-être, certains mots gaulois ou français ont existé ; qu'ils furent dans
tous les temps composés d'éléments exclusivement français ; qu'ils n'eurent jamais d'autre mère que la langue
française ; que leurs prétendues étymologies grecques ou
latines sont fausses et mal fondées ; enfin, que des règles
précises et invaribles ont présidé à la formation des mots
français jusque vers le siècle de Louis XIV, et que ce furent
ces mêmes règles aussi qui présidèrent à la formation des
mots latins.

Ceci nous conduit tout naturellement à examiner les
mots français les plus anciens, les mieux connus, à partir
de l'origine de la langue jusque vers le xviie siècle, et à
démontrer qu'à toutes les époques possibles ils furent construits en vertu d'un principe et de règles uniformes. Par
l'analyse ou la décomposition d'un certain nombre de mots
appartenant à des siècles différents et très-éloignés entre
eux, il nous sera facile de faire ressortir avec une évidence complète ce principe et ces règles. Nous verrons que
chaque mot est la représentation d'une phrase complète,
et qu'un moyen des plus ingénieux fut employé dès l'origine du monde pour renfermer ainsi une phrase entière
dans des mots, quelque courts qu'ils puissent être. L'exer-
cice de l'analyse ou de la décomposition des mots auquel
nous allons nous livrer, familiarisera promptement le lecteur à cette science nouvelle, curieuse autant qu'instruc-
tive, qui a pour objet de faire connaître la signification
véritable et primitive des mots, aussi bien que le méca-
nisme intellectuel qui présida à leur formation.

Avec cette connaissance il sera désormais possible à chacun, quelque étranger qu'il puisse être aux sciences et aux
lettres, de pénétrer la signification primitive des mots et

des noms indistinctement, de ces noms surtout si bizarres, si incompréhensibles aujourd'hui, qui furent donnés à des époques si différentes aux hommes et aux animaux, aux villes et aux villages.

Chaque mot de notre langue renferme en lui-même une phrase entière, une phrase applicable au sens ou à l'idée que nous y attachons. Mais comment a-t-on pu renfermer ainsi une phrase dans chaque mot, quelque court qu'il soit, et comment démontrer que cette phrase s'y trouve réellement construite en vertu de règles claires, précises et invariables?

Plusieurs moyens essentiellement ingénieux ont été employés pour renfermer une phrase dans chaque mot. Ces moyens sont, d'une part, l'emploi des premières lettres des mots ou lettres initiales jointes à des syllabes de différents genres; de l'autre, l'emploi de lettres d'une double valeur, et d'accents ayant la valeur de certaines lettres qu'ils peuvent au besoin remplacer. Chacun connaît aujourd'hui les initiales et les syllabes ordinaires; mais il n'en est pas de même des syllabes toutes particulières dont nous parlons ici et qui entrent dans la formation des mots. Ces syllabes ne sont pas précisément ce que nous entendons aujourd'hui par ce mot : ce ne sont pas des voyelles, ou seules, ou jointes à d'autres lettres pour former un son, mais bien plutôt la réunion en plus ou moins grand nombre des premières lettres des mots, voyelles ou consonnes indistinctement, formant ou non un son.

Nous appellerons donc syllabe une réunion ou succession de lettres produisant ou non un son, c'est-à-dire de consonnes, ou seules, ou mélangées aux voyelles. Prenons de suite pour exemple le mot PHÉNOMÈNE. Ce mot commence par deux consonnes; eh bien! c'est au moyen de ces deux consonnes qu'il va former, dans le mot ᴘʜʏꜱɪQᴜᴇ (la), où il entre, ce que nous appelons syllabe courante, par opposition aux syllabes retournée et interrompue dont nous parlerons dans un instant. Le mot ᴘʜʏꜱɪQᴜᴇ (la) exprime ce qui suit : *Signifie ici science qui explique quelques phénomènes singuliers.*

L'analyse ou la décomposition de ce mot ᴘʜʏꜱɪQᴜᴇ (la) va nous apprendre comment la phrase que nous venons de citer, s'y trouve renfermée.

*Signifie,* se trouve dans *si*, qui forme dans *physique* une syllabe courante de deux lettres. — *science*, est représenté par son initiale *s*. — *ici*, est presque toujours représenté dans les mots par un *y*, considéré comme *i* double ou *i* et *j*. — *qui*, se trouve dans la syllabe courante de deux lettres *qu*. — *explique*, est représenté par son initiale *e*. — *quelques*, se trouve dans la syllabe courante de trois lettres *que*. — *phénomènes*, est syllabe courante formée des deux consonnes *ph*. — *singuliers*, se trouve dans la syllabe courante *si*, laquelle déjà a servi à former le mot *signifie*.

Rᴇ̀ɢʟᴇ ɢᴇ́ɴᴇ́ʀᴀʟᴇ. Les initiales et syllabes peuvent servir autant de fois qu'elles sont nécessaires à la construction des phrases ; et ce qui est de rigueur, c'est que toutes les lettres d'un mot soient employées toujours en initiales mélangées de syllabes courantes. Quand, dans un instant, nous les emploierons en syllabes retournées ou interrompues, ce ne sera qu'en trouvant à les employer aussi en initiales et syllabes courantes.

Nous avons encore, à l'égard des initiales, une observation très-importante à consigner ici : c'est que jamais pour construire une phrase avec un mot, on ne doit employer plus de quatre initiales successivement sans les faire suivre immédiatement d'une syllabe ou courante ou retournée.

Ce précepte, du reste, ressortira de lui-même par les décompositions ou analyses auxquelles nous allons nous livrer; toutefois, avant de procéder à ces analyses, nous avons à expliquer ce qu'on doit entendre par syllabe retournée et syllabe interrompue. Nous savons déjà ce que c'est qu'une syllabe courante; nous avons vu qu'elle se trouvait formée de l'assemblage dans l'ordre ordinaire des premières lettres des mots, consonnes ou voyelles indistinctement : eh bien! la syllabe retournée se trouve aussi dans l'assemblage des premières lettres des mots, mais en prenant ces lettres dans un ordre tout à fait inverse à celui dans lequel nous les plaçons ordinairement. Ainsi, par exemple, la syllabe courante *il*, prise dans son sens inverse, formera la syllabe retournée *li*, de même que *li* formera la syllabe retournée *il*. Cette simple explication suffit, nous le croyons, pour faire comprendre ce qu'on doit entendre par syllabe retournée. Quant aux syllabes interrompues servant aussi assez souvent à la reconstruction des phrases que renferment les mots, elles se trouvent composées du rapprochement par la pensée, de lettres séparées entre elles par une ou plusieurs autres lettres. Un mot très-court, le mot PAIX, va nous fournir un exemple assez remarquable de ce mélange de syllabes courantes, retournées et interrompues jointes à des initiales.

Avant d'aborder l'analyse de ce mot, nous devons dire que la lettre $x$, en quelque endroit qu'elle se trouve, a la même signification que la lettre *s*. PAIX exprime l'idée suivante : *Signifie silence, situation parfaite, aimable, sans appréhension, sans inquiétude* (1). — *Signifie*, se trouve

---

(1) Le mot PAIX, comme beaucoup d'autres, peut se traduire de différentes manières, mais en présentant néanmoins toujours le même sens.

en syllabe retournée composée des deux dernières lettres du mot *paix*, l'*x* s'employant comme *s*. — *silence, situation*, sont deux mots formés de la même manière, c'est-à-dire de *ix* formant *si* en syllabe retournée. — *parfaite*, est en syllabe courante formée de *pa*. — *aimable*, est aussi en syllabe courante formée de *ai*. — *sans*, est une syllabe interrompue formée de l'*x* pour *s*, en plaçant par la pensée cette lettre *x* devant la lettre *a*. — *appréhension*, est en syllabe retournée formée de *pa*. — *sans*, syllabe interrompue déjà indiquée. — *inquiétude*, se trouve dans l'initiale *i*.

Nous avons fait connaître plus haut la signification du mot PHYSIQUE pris au genre féminin, faisons connaître maintenant la signification du même mot au genre masculin.

On sait qu'il existe dans notre langue une foule de mots qui offrent des sens variés et souvent très-différents les uns des autres : eh bien! tel est l'esprit qui a présidé à la formation de ces mots, que toujours il est possible, en observant fidèlement les règles que nous traçons ici, de retrouver en eux les phrases qui se rapportent à chacun des sens qu'ils présentent.

Le mot PHYSIQUE (le) va nous en offrir un exemple. Ce mot, au genre masculin, exprime ce qui suit : *Signifie une physionomie quelconque.*

*Signifie*, est en syllabe courante formée de *si*. — *une*, est dans l'initiale *u*. — *physionomie*, est en syllabe courante formée des cinq premières lettres de ce mot, ou *physi*. — *quelconque* est syllabe courante formée de trois lettres, ou *que*.

Si le mot PHYSIQUE s'écrivait au pluriel, il faudrait, afin de trouver l'emploi de la lettre *s* placée à la fin du mot pour exprimer le genre, le traduire de la manière suivante : *Signifie quelques physionomies; signifie physionomies quelconques.*

Nous venons de voir que sur les huit lettres dont se compose le mot PHYSIQUE (mot auquel par erreur on donne une étymologie grecque), cinq contribuent à former le mot *physionomie*; mais nous avons ici une chose bien plus curieuse encore à révéler, c'est que certains mots, même très-courts, renferment de longues phrases où se retrouvent un ou plusieurs mots entiers, c'est-à-dire formés de toutes lettres. Citons-en le plus brièvement possible quelques exemples. Chacun sait ce que c'est qu'une chaise, ce meuble dont la forme varie si souvent et dont l'usage est si généralement répandu en Europe ; mais ce qu'on ne sait pas, ce qu'on ignore aujourd'hui complétement, c'est la pensée que renferme ce mot CHAISE ; pensée qu'exprime parfaitement la phrase suivante :

**CHAISE** : *Chacun chez soi s'en sert à son aise.*

*Chacun*, est syllabe courante formée de *cha*. — *chez*, est aussi syllabe courante formée des deux consonnes *ch*. — *soi*, se trouve dans l'initiale *s*. — *s'en sert*, sont deux mots formés de la syllabe courante *se* (1). — *à*, est représenté par *a*. — *son*, est dans l'initiale *s*. — *aise* : ce dernier mot de la phrase se trouve ici en toutes lettres.

Le mot MAISON est pris souvent en divers sens, outre qu'il sert encore souvent de nom d'homme. Dans son sens le plus ordinaire, il désigne une demeure ou habitation. Voici dans ce sens sa signification véritable.

**MAISON** : *Maître aime souvent à s'y mettre à son aise.*

*Maître*, est syllabe courante formée de *mai*. — *aime*, est syllabe courante formée de *ai*. — *souvent*, est dans *so*, syl-

___

(1) Les syllabes se forment sans avoir égard aux apostrophes.

labe courante. — *à*, est représenté par *a*. — *s'y*, est syllabe retournée formée de *is*. — *mettre*, est dans l'initiale *m*. — *son* est en toutes lettres. — *aise*, est en syllabe courante formée de *ais*.

On sera curieux de connaître la signification véritable du mot AISE, expression que nous venons de voir sortir deux fois de suite, des mots CHAISE, et MAISON.

AISE : *Signifie se sentir en situation aimable.*

*Signifie*, est syllabe retournée formée de *is*. — *se sentir*, sont tous deux en syllabes courantes formées de *se*. — *en* se trouve dans l'initiale *e*. — *situation*, est syllabe retournée formée de *is*. — *aimable*, est formé de la syllabe courante *ai*.

Nous ne terminerons pas cet article spécialement consacré à faire connaître les divers genres de syllabes employées à construire la généralité des mots de notre langue, sans nous arrêter un instant aux prétendues étymologies grecques ou latines attribuées à un grand nombre de mots français. Parce que dans les langues anciennes il se trouve un certain nombre de mots qui ont quelque analogie avec les mots français, aussitôt les savants de s'en emparer, de dire et affirmer, sans preuve aucune, que ces derniers en dérivent; mais que devient une pareille supposition en présence de nos analyses, établies sur des règles précises et invariables, de ces règles qui peuvent s'appliquer indistinctement à tous les mots de notre langue, à chacun de leurs sens, ainsi qu'à tous leurs genres?

Nous aurons par la suite l'occasion de démontrer de la manière la plus évidente, qu'aucun mot de notre langue (ceux consacrés aux sciences et aux arts modernes exceptés) ne dérive ni du grec, ni du latin, pas plus que le mot PHYSIQUE, que nous avons décomposé plus haut, ne dérive du grec, quoique le contraire soit enseigné dans toutes nos écoles depuis longtemps.

DES ACCENTS ET DE LEUR SIGNIFICATION.

Les accents se présentent très-fréquemment dans les mots. Ils sont, comme chacun le sait, de trois sortes : aigus, graves et circonflexes. On croit généralement qu'ils ont un usage unique, celui de faciliter la prononciation des mots, de fortifier ou affaiblir les sons ; mais indépendamment de cet usage, ils en ont un autre plus important encore et tout à fait ignoré de nos jours. C'est de pouvoir, dans un grand nombre de mots, tenir la place de certaines lettres, et de les y remplacer avec beaucoup d'avantage.

Nous allons démontrer que les accents aigus, aussi bien que les accents graves placés sur la lettre *e*, ont le pouvoir de remplacer la lettre *n*, de même que les accents circonflexes tiennent lieu de la lettre *s*.

Le *z* et l'*x* aussi ont été introduits dans les mots pour remplacer la lettre *s* et rendre la prononciation plus douce ou plus facile.

L'*i*, dans certains cas, remplace le *j*, comme l'*u* remplace le *v* ; mais dans quelque cas que se soit, la lettre *i* ne remplace le *j* qu'autant qu'elle peut dans le même mot servir comme *i*, de même que la lettre *u* ne peut servir comme *v* qu'autant qu'elle sert aussi comme *u*. Des exemples vont faire ressortir toutes ces règles avec une évidence complète.

**LIÈVRE** : *Il est vraiment libre et remarquable en légèreté et en vitesse.*

*Il*, syllabe retournée *li*. — *est*, initiale *e* placée à la fin du nom. — *vraiment*, syllabe courante *vr*. — *libre*, syllabe

courante *li*. — *et*, initiale *e* à la fin du mot. — *remarquable*,
syllabe courante *re*. — *en*, est en toutes lettres, l'accent
remplaçant la lettre *n*. — *légèreté*, initiale *l*, ou mieux
encore syllabe interrompue *l-e*. — *et*, initiale *e*, à la fin
du mot. — *en*, en toutes lettres répété une seconde fois.
— *vitesse*, initiale *v*, ou syllabe interrompue *v-i*.

**VÉRITÉ** : *Est en récit, version, témoignage rendus évidents
et irrésistibles.*

*Est*, initiale *e*. — *en*, est en toutes lettres, le premier
accent tenant lieu de l'*n*. — *récit*, syllabe retournée *ér*.
— *version*, syllabe courante *ver*. — *témoignage*, syllabe
courante *té*. — *rendus*, syllabe retournée *er*. — *évidens*, syllabe retournée *vé*. — *et*, en toutes lettres et en syllabe retournée *te*. — *irrésistibles*, syllabe retournée *ri*.

Si le mot VÉRITÉ s'écrivait au pluriel, il faudrait dire :
*Sont en récits, versions*, ou, *elles sont en récits, versions*, etc.

**FUMÉE** : *Elle est fugace et méchante ; en elle encore est
mensonge et faux mérite.*

*Elle est*, initiale *e* placée à la fin du mot. — *fugace*,
syllabe courante *fu*. — *et*, initiale *e* à la fin du mot. —
*méchante*, syllabe courante *mé*. — *en*, se trouve en toutes
lettres, l'accent aigu ayant la valeur de l'*n*. — *elle*, initiale *e* à la fin du mot. — *encore*, syllabe courante *en*,
accent pour *n*. — *est*, initiale *e* à la fin du mot. — *mensonge*, syllabe courante *me*. — *et*, initiale *e*. — *faux*,
initiale *f*. — *mérite*, syllabe courante *mé*.

**ÉTÉ** : *Tout en terre en témoigne.*

*Tout*, initiale *t*. — *en*, se trouve en toutes lettres, l'accent placé sur la première lettre ayant la valeur de l'*n*.

— *terre*, syllabe courante *te*. — *en*, en toutes lettres comme ci-dessus. — *témoigne*, syllabe courante *té*.

Ce mot peut encore se traduire ainsi : *Terre et temps en témoignent.*

**SÈVE** : *Secrète vertu est en elle.*

*Secrète*, syllabe courante *se*. — *vertu*, syllabe courante *ve*. — *est*, syllabe retournée *se*. — *en*, est en toutes lettres, l'accent remplaçant la lettre *n*. — *elle*, initiale *e* placée à la fin du mot.

**SÈVES** : *Secrètes vertus sont en elles.*

La traduction plurielle de ce mot, aussi bien que celle de tout autre, est la même qu'au genre singulier ; seulement l'initiale *s* placée à la fin du mot sert à former le verbe *sont*, comme l'initiale *e* a servi dans le genre singulier à former le verbe *est*.

**CALÈCHE** : *En elle est le carrosse élégant et large, aux chevaux légers et caracolant.*

*En*, est en toutes lettres, l'accent ayant la valeur de l'*n*. — *elle*, syllabe retournée *le*. — *est*, initiale *e* à la fin du mot. — *le*, est aussi en toutes lettres. — *carrosse*, syllabe courante *ca*. — *élégant*, syllabe retournée *le*. — *et*, initiale *e*. — *large*, syllabe retournée *al*. — *aux* ou *avec*, initiale *a*. — *chevaux*, syllabe courante *che*. — *légers*, syllabe courante *lé*. — *caracolant*, syllabe courante *ca*.

**PLANÈTE** : *Placée en l'air, elle plane, et en tout temps.*

*Placée*, syllabe courante *pla*. — *en*, est en toutes lettres, l'accent tenant lieu de l'*n*. La préposition *en* est encore ici en syllabe retournée ; mais cette dernière doit toujours s'effacer devant une syllabe courante. — *l'air*, syllabe courante *la*. — *elle*, initiale *e*. — *plane*, est ici en toutes lettres ; il en est de même de la conjonction *et*. — *en*, indiqué déjà. — *tout*, initiale *t*. — *temps*, syllabe courante *te*.

Tous les noms indistinctement sont formés comme les mots, d'après les mêmes principes et les mêmes règles, et renferment tous également une idée complète. Nous allons en faire connaître quelques-uns portant indifféremment des accents aigus ou des accents graves. Ils seront une preuve de plus à l'appui de cette vérité, que dans la plupart des cas, les uns et les autres de ces accents remplacent la lettre *n*.

Daguère, nom de l'illustre inventeur du daguéréotipe. Ce nom, comme nous allons le voir, peut s'écrire indifféremment de deux manières.

**DAGUÈRE** : *Une dague en guerre est arme dangereuse et redoutable.*

*Une*, initiale *u*. — *dague*, se trouve ici en toutes lettres ; *en*, est aussi en toutes lettres, l'accent ayant la valeur de l'*n*. — *guerre*, syllabe courante *guer*. — *est*, initiale *e*. — *arme*, initiale *a*. — *dangereuse*, syllabe courante *du*. — *et*, initiale *e*. — *redoutable*, syllabe courante *re*.

**DAGUERRE** : *Une dague en guerre est arme dangereuse et redoutable.*

Dans cette manière d'écrire le nom, la préposition *en* est dans l'initiale *e*, et les mots *dague* et *guerre* sont en toutes lettres. Le premier du nom de Daguère est évidemment l'inventeur de la dague, arme très-ancienne. Lorsque les accents graves ou aigus ne remplacent pas la lettre *n*, c'est qu'ils appartiennent essentiellement à des mots qu'ils ont mission de représenter. Exemples :



2

**NAPOLÉON** : *On n'aime point les lépreux; nous nous apos-*
*tons pour les apercevoir et les poursuivre.*

*On,* en toutes lettres. — *n'aime,* syllabe courante *na.*
— *point,* syllabe courante *po.* — *les,* syllabe courante *le.*
— *lépreux,* syllabe courante *lé.* (C'est au mot *lépreux* qu'appartient ici l'accent.) — *nous, nous,* syllabes retournées
*on.* — *apostons,* syllabe courante *apo.* — *pour,* syllabe
courante *po.* — *les,* syllabe courante *le.* — *apercevoir,*
syllabe courante *ap.* — *et,* initiale *e.* — *les* (indiqué). —
*poursuivre,* syllabe courante *po.*

**JÉSUS** : *Je suis un sauveur suprême et éternel.*

*Je,* est en toutes lettres. — *suis,* syllabe courante *su.* —
*un sauveur,* initiales *u* et *s* à la fin du mot. — *suprême,*
syllabe courante *su.* — *et,* initiale *e.* — *éternel,* l'accent
placé sur la lettre *é* a ici mission de faire ressortir le mot
*éternel.*

Puisque nous avons fait connaître la signification du mot
Jésus, il devient indispensable de faire connaître aussi celle
du mot Christ qui en est inséparable.

**CHRIST** : *Signifie sans richesse, cependant très-charitable,*
*très-chrétien.*

*Signifie,* syllabe retournée *is.* — *sans,* initiale *s.* —
*richesse,* syllabe courante *ri.* — *cependant, très,* initiales *c, t.*
*charitable,* syllabe courante *ch.* — *très,* initiale *t.* —
*chrétien,* syllabe courante *chr.*

L'accent circonflexe a été introduit dans les mots pour
remplacer la lettre *s,* la rendre plus mobile, tout en accen-
tuant la prononciation de ces mots. Exemples :

**PÂQUE** : *Elle est en un pain sacré qui est salutaire aux saintes âmes.*

*Elle est en un,* initiales *e, u.* — *pain,* syllabe courante *pa.* — *sacré,* syllabe courante *sa,* l'accent circonflexe ayant la valeur de l'*s* qui peut ainsi se placer avant ou après la lettre *a.* — *qui,* syllabe courante *qu.* — *est,* initiale *e.* — *salutaire,* syllabe courante *sa,* accent pour *s.* — *aux,* initiale *a.* — *saintes,* syllabe courante *sa,* accent pour *s.* — *âmes,* initiale *a.*

**PÂQUES** : *Elles sont en pains sacrés salutaires à quelques saintes âmes.*

Ou encore :

*Elles se passent avec quelques pains sacrés.*

*Elles sont en,* initiales *e, s.* — *pains sacrés salutaires,* comme ci-dessus, syllabes courantes. — *à,* marqué par *a.* — *quelques,* syllabe courante *que.* — *saintes âmes,* comme ci-dessus.

**BOÎTE** : *Elle est souvent jolie, et en bois tendre et singulier.*

*Elle est,* initiale *e.* — *souvent,* syllabe courante *so,* l'accent circonflexe ayant la valeur de l'*s* et pouvant se placer devant la lettre *o.* — *jolie,* syllabe retournée *oi,* l'*i* prenant ici la signification du *j,* avant d'être employé comme *i.* — *et,* en toutes lettres et syllabe retournée *te.* — *en,* initiale *e.* — *bois,* en toutes lettres, l'accent circonflexe valant une *s* se plaçant après l'*i.* — *tendre,* syllabe courante *te.* — *et,* comme précédemment. — *singulier,* syllabe courante *si,* l'accent pour *s* se plaçant cette fois devant la lettre *i.*

**CLOÎTRE** : *Lieu clos, retiré, très-silencieux.*

*Lieu*, initiale *l.* — *clos*, syllabe courante *clo.* — *retiré*, syllabe courante *re.* — *très*, syllabe courante *tre.* — *silencieux*, syllabe courante *si*, l'accent circonflexe se plaçant comme *s* devant la lettre *i.*

**MAÎTRE** : *Est en situation aisée, et très-respecté en sa maison.*

*Est en*, initiale *e.* — *situation*, syllabe courante *sit*, l'accent circonflexe remplaçant l's. — *aisée*, syllabe courante *ais*, accent pour *s*, l's se plaçant après l'*i.* — *et*, initiale *e.* — *très*, syllabe courante *tre.* — *respecté*, syllabe courante *re.* — *en*, initiale *e.* — *sa*, en toutes lettres, l'accent se plaçant comme *s* devant la lettre *a.* — *maison*, syllabe courante *mais*, la dernière lettre formée encore de l'accent qui tient lieu de la lettre *s.*

**HÔPITAL** : *Là où par pitié on porte honorable secours à l'homme souffrant.*

*Là*, syllabe retournée *al.* — *où*, initiale *o.* — *par*, initiale *p.* — *pitié*, syllabe courante *pit.* — *on*, initiale *o.* — *porte*, syllabe retournée *op.* — *secours*, initiale *s*, remplacée par l'accent circonflexe. — *honorable*, syllabe courante *ho.* — *à*, se trouve dans la lettre *a.* — *l'homme*, initiale *l*, ou mieux encore, syllabe interrompue *l-ho.* — *souffrant*, syllabe courante *so*, l'accent ayant la valeur de l's devant *o.*

Nous pourrions multiplier ces citations à l'infini; mais après des démonstrations aussi évidentes, la chose nous paraît superflue.

Nous croyons donc qu'il est bien démontré maintenant

que les accents aigus et les accents graves ont dans les mots la signification de l'*n*, de même que l'accent circonflexe y a la signification de l'*s*.

Nous avons dit aussi que l'*i* remplaçait le *j* dans certains cas, aussi bien que l'*u* et le *v* se suppléaient mutuellement ; mais nous le répétons encore, ce n'est qu'à une condition de rigueur, c'est de pouvoir toujours être employés immédiatement dans leur propre valeur. C'est ce que déjà nous avons vu pour l'*i* en décomposant le mot BOÎTE. Nous devons remarquer, à l'occasion de ce mot, que, dans un temps encore peu éloigné de nous, on écrivait *boëte*. C'est qu'alors ou les deux points avaient la valeur de l'accent circonflexe, ou que la langue s'étant corrompue, l'orthographe des mots a subi nécessairement des altérations.

Nous aurons par la suite à examiner des mots français qui paraissent aussi anciens que le monde, et dans tous, nous retrouverons les principes et les règles que nous exposons ici ; nous les retrouverons d'une pureté vraiment étonnante et parfaite. Voici quelques exemples de la signification toute particulière des lettres *i*, *u*, *x* et *z*.

**SOLEIL** : *Il est le solitaire illustre, luisant souvent le jour.*

*Il*, en toutes lettres. — *est*, initiale *e*. — *le*, en toutes lettres. — *solitaire*, syllabe courante *sol*. — *illustre*, syllabe courante *il*. — *luisant*, initiale *l*. — *souvent*, syllabe courante *so*. — *le* (indiqué). — *jour*, initiale *i* servant comme *j*, ou syllabe interrompue *j-o*, l'*i* ayant encore la valeur du *j*.

LUNE, ce nom donné au satellite du soleil, a une signification à peu près semblable.

**LUNE** : *Elle est unique, et luit la nuit.* — *Elle est une lumière unique et nécessaire la nuit.*

Nous ne nous arrêterons pas à l'analyse facile de ce mot, avec d'autant plus de raison qu'elle ne peut nous fournir ici les exemples dont nous avons besoin.

**DIEU** : *Divinité véritable et unique.* — *Il est une divinité véritable et unique.*

*Divinité*, syllabe courante *di*. — *véritable*, syllabe retournée *eu*, l'*u* ayant la signification du *v*. — *et unique*, initiales *e*, *u*.

Le mot DIEUX pluriel, beaucoup plus ancien que DIEU du christianisme, a aussi une signification bien différente.

**DIEUX** : *En eux sont des divinités universelles.*

*En*, initiale *é*. — *eux*, en toutes lettres. — *sont*, initiale *x*, cette lettre ayant la signification de l'*s*. — *des*, initiale *d*. — *divinités*, syllabe courante *di*. — *universelles*, initiale *u*.

Nous ne pouvons nous dispenser de faire connaître ici la signification du mot DIVINITÉ.

**DIVINITÉ** : *Inconnue en terre, elle donne vie, intelligence, instinct, et éteint toute division, injustice et iniquité.*

*Inconnue*, syllabe courante *in*. — *en*, est en toutes lettres, l'accent aigu ayant la valeur de la lettre *n*. — *terre*, syllabe courante *te*. — *elle donne*, initiales *e*, *d*. — *vie*, syllabe courante *vi*. — *intelligence*, syllabe courante *in*. — *idée*, syllabe retournée *di*. — *instinct*, syllabe courante *in*. — *et*, en toutes lettres et syllabe retournée. — *éteint*, syllabe retournée *té*. — *toute*, initiale *t*. — *division*, syllabe courante *divi.* — *injustice*, syllabe courante *ini*, le dernier *i* ayant la signification du *j*. — *et* (indiqué). — *iniquité*, syllabe courante *ini*.

**EAU** : *Elle est utile aux vivants, avantageuse aussi aux arts.*

*Elle est utile*, initiales *e*, *u*. — *aux*, syllabe courante *au*. — *vivants*, initiale *u* pour *v*. — *avantageuse*, syllabe courante *au*, l'*u* servant encore comme *v*. — *aussi*, syllabe courante *au*. — *aux arts*, syllabe courante *au*, et initiale *a*.

**EAUX** : *Elles sont utiles aux vivants, avantageuses aussi aux arts.*

Dans cette traduction plurielle, la lettre *x* a la signification de l's, et la particule *aux* se retrouve en toutes lettres.

**BOUTEILLE** : *Elle est le vase lisse et léger tenant enfermées et bouchées les boissons et liqueurs, et tout liquide utile indistinctement.*

*Elle*, syllabe retournée *lle*. — *est*, initiale *e*. — *le*, en toutes lettres. — *vase*, initiale *u* pour *v*. — *lisse*, syllabe retournée *il*. — *et*, syllabe retournée *te*. — *léger*, syllabe courante *le*. — *tenant*, syllabe courante *te*. — *enfermées*, initiale *e*. — *et* (indiqué). — *bouchées*, syllabe courante *bou*. — *les*, syllabe courante *le*. — *boissons*, syllabe courante *bo*. — *et* (indiqué). — *liqueurs*, syllabe retournée *il*. — *et* (indiqué). — *tout*, initiale *t*, — *ou*, syllabe interrompue *t-o-u*. — *liquide*, syllabe retournée *il*. — *utile*, syllabe courante *ut*. — *indistinctement*, initiale *i*.

**PAUVRE** : *Vit avec peu, aussi par aumônes, et reçoit un pain avec reconnaissance.*

*Vit*, initiale *v*. — *avec*, syllabe courante *au*, l'*u* pour *v*.

— *peu*, initiale *p*, ou syllabe interrompue *p-e-u*. — *aussi*, syllabe courante *au*. — *par aumônes*, syllabes courantes *pa*, *au*. — *et*, initiale *e*. — *reçoit*, syllabe courante *re*. — *un*, initiale *u*. — *pain*, syllabe courante *pa*. — *avec*, syllabe courante *au*, l'*u* pour *v*. — *reconnaissance*, syllabe courante *re*.

**COUVENT** : *Où on entre volontairement comme vertueux ou converti, ou comme contraint ou coupable.*

*Où*, en toutes lettres. — *on*, initiale *o*. — *entre*, syllabe courante *ent*. — *volontairement*, syllabe retournée *ou*, l'*u* pour *v*. — *comme*, syllabe courante *co*. — *vertueux*, syllabe courante *ve*. — *ou* (indiqué). — *converti*, syllabe courante *co*. — *ou* (indiqué). — *comme* (indiqué). — *contraint*, syllabe courante *co*. — *ou* (indiqué). — *coupable*, syllabe courante *cou*.

**FLEUR** : *Leur vue et leur forme élégante flattent véritablement.*

**FLEURS** : *Leur vue et leurs formes élégantes sont véritablement flatteuses.*

*Leur*, en toutes lettres. — *vue*, initiale *u* pour *v*. — *et*, initiale *e*. — *leur*, en toutes lettres. — *forme*, initiale *f*. — *élégante*, syllabe retournée *le*. — *flattent*, syllabe courante *fl*. — *véritablement*, syllabe retournée *eu*, *u* pour *v*.

**FILOU** : *Où l'on voit un fin voleur.*

**FILOUS** : *Où sont, ou l'on voit les fins voleurs.*

*Où*, en toutes lettres. — *l'on*, syllabe courante *lo*. — *voit*, syllabe retournée *ou*, l'*u* pour *v*. — *un*, initiale *u*. — *fin*, syllabe courante *fi*. — *voleur*, syllabe retournée *ou*, l'*u* pour *v*.

**VOLEUR** : *On voit en lui un loup vorace et rusé.*

**VOLEURS** : *En eux sont les loups voraces et rusés.*

*On*, initiale *o*. — *voit*, syllabe courante *vo*. — *en lui*, initiales *e*, *l*. — *un*, initiale *u*. — *loup*, syllabe retournée *vol*, le *v* servant ici comme *u*. — *vorace*, syllabe courante *vo*. — *et*, initiale *e*. — *rusé*, syllabe retournée *ur*.

Le *z*, aussi bien que l'*x* et l'accent circonflexe, a aussi la signification de l'*s*. Exemples :

**ZÈLE** : *En lui est le service essentiel, élevé et empressé.*

*En*, est en toutes lettres, l'accent ayant la valeur de l'*n*. — *lui*, initiale *l*. — *est*, syllabe retournée *ze*, le *z* pour *s*. — *le*, en toutes lettres. — *service*, syllabe courante *ze* pour *se*. — *essentiel*, syllabe retournée *ze* pour *se*. — *élevé*, syllabe courante *ele*. — *et empressé*, initiale *e*.

**ZOÉ** : *Songes souriants sont souvent en elle.*

Les quatre premiers mots sont en syllabes courantes représentées par *zo* pour *so*. — *en*, est en toutes lettres, l'accent ayant la valeur de l'*n*. — *elle*, se trouve dans l'initiale *e*.

**GUIZOT** : *Ils sont tous guerriers osant sortir sans guide.*

*Ils*, initiale *i*. — *sont*, syllabe courante *zo* pour *so*. — *tous*, syllabe retournée *ot*. — *guerriers*, syllabe courante *gu*. — *osant*, syllabe retournée *zo* pour *so*. — *sortir*, syllabe courante *zo* pour *so*. — *sans*, initiale *z* pour *s*. — *guide*, syllabe courante *gui*.

Nous avons dit que tous les mots français sont sortis de la langue française, et qu'il n'y a d'exceptions à faire que pour les mots modernes consacrés aux sciences et aux arts; mais parmi ces mots d'une spécialité particulière, il s'en trouve encore un très-grand nombre, et beaucoup plus qu'on ne le croit, dont l'origine est purement française.

Depuis que le secret des mots est tout à fait perdu ; depuis que l'on est tombé dans l'ignorance la plus complète à l'égard des principes et des règles qui ont présidé à leur formation, il a fallu pour exprimer des idées nouvelles former des mots sans règle et, pour ainsi dire, au hasard, des mots composés d'éléments hétérogènes, latins et grecs, des mots enfin qu'on est convenu d'appeler français, mais qui n'appartiennent à aucune langue, ancienne ou moderne, morte ou vivante. C'est à dater du siècle de Louis XIV, comme nous le prouverons dans un instant, que la science des mots, la science qui consiste à les composer et les décomposer, a commencé à se perdre entièrement. Aussi, depuis cette époque, c'est avec le latin, et plus particulièrement encore avec le grec ancien, qu'on s'est attaché à former des mots nouveaux, pour les accommoder aux besoins progressifs des sciences et des arts. C'est là, sans doute, la raison qui de nos jours fait faussement attribuer à une foule de mots d'origine française une étymologie grecque. Notre intention n'est point ici, on le devine bien, de passer en revue tous ces mots, et de démontrer l'erreur dans laquelle on est généralement tombé à leur égard. Cependant, nous ne saurions résister au désir d'en analyser quelques-uns, ainsi que nous l'avons fait déjà pour le mot PHYSIQUE, auquel aussi on attribue faussement une étymologie grecque.

**THÉOLOGIE :** *En elle est théorie et logique. — En elle est enseignement théorique et logique.*

*En*, est en toutes lettres, l'accent prenant la place de l'*n*. — *elle est*, initiale *e* à la fin du mot. — *théorie*, syllabe courante *théo.* — *et,* initiale *e.* — *logique,* syllabe courante *logi.*

**HYDROPHOBIE** : *Est rage hideuse ordinaire, et indique ici horreur bien drôle des hommes pour boire* (1).

*Est rage,* initiales *e, r.* — *hideuse,* syllabe courante *hy,* l'*y* servant comme *i.* — *ordinaire,* syllabe retournée *dro.* — *et indique,* initiale *e, i.* — *Ici* est représenté par *y.* — *horreur,* syllabe courante *ho.* — *bien,* syllabe courante *bie.* — *drôle,* syllabe courante *dro.* — *des,* initiale *d.* — *hommes,* syllabe courante *ho.* — *pour,* syllabe retournée *op.* — *boire,* syllabe retournée *ob.*

Le mot *drôle* dans le vieux langage était le synonyme des mots *étonnant, extraordinaire, surprenant, inexplicable.* Dans certaines contrées de la France, la Picardie particulièrement, il a conservé ce sens exclusivement.

**ACROBATE** : *Bateleur ordinaire et robuste, bondissant tantôt à terre, tantôt accroché aux cordes tendues.*

*Bateleur,* syllabe courante *bate.* — *ordinaire,* syllabe retournée *ro.* — *et,* en toutes lettres et syllabe retournée *te.* — *robuste,* syllabe courante *rob.* — *bondissant,* syllabe retournée *ob.* — *tantôt,* syllabe retournée *at.* — *à,* représenté par *a.* — *terre,* syllabe courante *te.* — *tantôt* (indiqué). — *aux,* initiale *a.* — *cordes,* initiale *c* ou syllabe interrompue *c-o-r.* — *tendues,* syllabe courante *te.*

---

(1) Le mot RAGE signifie : *Elle est généralement redoutée, gare à elle!*

*Elle est,* initiale *e.* — *généralement,* syllabe courante *ge.* — *redoutée,* initiale *r* ou syllabe interrompue *r-e.* — *gare,* syllabe retournée *rag.* — *à,* représenté par *a.* — *elle,* initiale *e.*

On peut dire encore : *Elle est rare et généralement redoutée, gare à elle!*

**MÈTRE** : *Mesure très-employée en tout temps.*

*Mesure,* syllabe courante *me.* — *très,* syllabe courante *tre.*— *employée,* syllabe retournée *me.* — *en,* est en toutes lettres, l'accent remplaçant l'*n.* — *tout,* initiale *t.* — *temps,* syllabe retournée *met.*

**BAROMÈTRE** : *Mètre, ou mesure ronde où on remarque beau et mauvais temps arrivé ou en route.*

*Mètre,* en toutes lettres. — *ou,* initiale *o.* — *mesure,* syllabe courante *me.* — *ronde,* syllabe courante *ro.* — *où on,* initiale *o.* — *remarque,* syllabe courante *re.* — *beau,* initiale *b,* ou syllabe interrompue *b-e-a.* — *et,* en toutes lettres. — *mauvais,* initiale *m.* — *temps,* syllabe retournée *met.* — *arrivé,* syllabe courante *ar.* — *ou* (indiqué). — *en,* est en toutes lettres, l'accent ayant la valeur de l'*n.* — *route,* syllabe courante *ro.*

### DES NOMS ET PRÉNOMS.

On a pu voir, par les observations qui précèdent, que tous les mots de notre langue indistinctement, qu'ils s'appellent noms ou prénoms, qu'ils servent à désigner des hommes, des villes ou des villages, des animaux ou quelque objet que ce soit; que tous ces mots, disons-nous, ont été composés à toutes les époques possibles, d'après les mêmes principes et les mêmes règles. Les noms des hommes célèbres que nous avons analysés plus haut peuvent déjà nous en fournir des preuves certaines. La signification de ces noms, comme celle de plusieurs autres que nous allons décomposer, nous fera connaître l'origine de tous les noms et prénoms en général, et nous apprendra encore comment et en quelle circonstance ils ont pris naissance. Parmi les noms d'hommes nous en trouverons peu d'individuels, c'est-à-dire peu de noms destinés à transmettre à la postérité, tel le nom de Jésus, les faits, idées ou actions remarquables d'un seul homme; mais nous trouverons en grand nombre des noms collectifs, des noms donnés à des hommes réunis constamment dans une même pensée et un même but. Tels sont les noms Napoléon et Guizot.

La signification des noms d'hommes, de villes et de villages est beaucoup plus difficile à pénétrer que celle des noms des animaux ou des mots ordinaires de la langue. Le sens ou les idées que nous attachons à ces derniers a peu ou point varié depuis qu'ils sont formés; les animaux pareillement conservent et conserveront toujours l'instinct et les habitudes qui les caractérisent. Eh bien! ce sont là les bases sur lesquelles sont fondées les mots, aussi bien que les noms des animaux; on a voulu, d'une part, reproduire les idées que nous attachons aux mots; d'une autre, retracer dans les noms des animaux qui nous entourent, ce que nous connaissons de leurs instincts et de leurs habitudes. C'est à cette fin, à cette fin seulement qu'aboutissent les phrases que nous retrouvons dans les mots et les noms des animaux; mais il n'en est pas de même des noms donnés aux hommes, aux villes et villages. Nous n'attachons plus aujourd'hui aucune idée à ces noms; ils n'offrent plus aucun sens à notre esprit, conséquemment rien ne saurait nous guider dans la recherche des idées qu'ils expriment, et si, néanmoins, nous parvenons encore à découvrir leurs significations, ce n'est qu'en procédant du connu à l'inconnu, c'est-à-dire en appliquant à l'analyse des noms d'hommes et de villes cette méthode précise et ingénieuse, qui a présidé à la formation des mots de notre langue depuis son origine jusque dans des temps encore peu éloignés de nous. Ce qui vient augmenter encore la difficulté de retrouver la signification des noms d'hommes, c'est que plusieurs d'entre eux, à l'exemple d'un grand nombre de mots de notre langue, présentent des sens divers. Ne l'avons-nous pas vu déjà à l'égard du mot *maison*, le synonyme d'*habitation?* Ce mot cependant est aussi un nom de famille, et c'est à ce titre que, dans un instant, nous aurons à examiner sa signification.

Les faits les plus distingués aussi bien que les plus communs, les actes les plus grands, les plus intéressants comme les plus ordinaires, ont servi d'éléments à la formation de la plupart des noms d'hommes; ils en ont été et l'origine et le prétexte.

Le peu de noms que nous allons analyser servira à mettre cette vérité en évidence. Quant aux villes ou villages, ils tiennent généralement leurs noms, ou du caractère ou des habitudes des hommes qui les ont fondés, ou de quelques particularités remarquables et inhérentes, soit aux constructions, soit au sol même sur lequel ils ont été établis.

**MAISON** : *Il aime singulièrement son maître; il songe souvent à soulager son mal.*

*Il*, initiale *i*. — *aime*, syllabe courante *ai*. — *singulièrement*, syllabe retournée *is*. — *son* est en toutes lettres. — *maître*, syllabe courante *mai*. — *il* (indiqué). — *songe*, syllabe courante *son*. — *souvent*, syllabe courante *so*. — *à*, représenté par *a*. — *soulager*, syllabe courante *so*. — *son* (indiqué). — *mal*, syllabe courante *ma*.

Il existe des familles, et en Picardie particulièrement, du nom de CORDELLE. Ce mot CORDELLE, dans son sens propre et ordinaire, s'applique au cordeau. En voici la véritable signification.

> **CORDELLE** : *Elle est le cordeau léger.* — *Elle est la corde légère.*

*Elle*, en toutes lettres. — *est*, initiale *e*. — *le*, en toutes lettres. — *cordeau*, syllabe courante *corde*. — *léger*, syllabe courante *le*.

> **CORDELLE** (nom d'homme) : *Le courage est ordinairement dans ces corps robustes et déliés* (1).

*Le*, en toutes lettres. — *courage*, syllabe courante *co*. — *est*, initiale *e*. — *ordinairement*, syllabe courante *ord*. — *dans ces*, initiales, *d*, *c*. — *corps*, syllabe courante *cor*. — *robustes*, syllabe retournée *or*. — *et*, initiale *e*. — *déliés*, syllabe courante *del*.

> **BEAUMONT** : *Montrons-nous au monde avec nos modes nouvelles, on nous trouvera beaux* (2).

*Montrons*, syllabe courante *mont*. — *nous*, syllabe retournée *on*. — *au*, en toutes lettres. — *monde*, syllabe courante *mon*. — *avec*, syllabe courante *au*, l'*u* pour *v*. — *nos*, syllabe retournée *on*. — *modes*, syllabe courante *mo*. — *nouvelles*, syllabe retournée *on*. — *on*, en toutes lettres. — *nous* (indiqué). — *trouvera*, initiale *t*. — *beaux*, syllabe courante *beau*.

---

(1) Le mot Cordelle, comme nom d'homme, peut être traduit de différentes manières. La traduction que nous donnons ici nous paraît être la meilleure.

(2) Ce nom vient confirmer ce fait historique déjà connu, à savoir, que les modes nouvelles furent toujours accueillies favorablement en France.

Ce nom, appliqué à quelques villes ou villages, a une tout autre signification.

**THIERS** : *Ils sont reçus triomphants ; hier ils étaient errants et sans ressources.*

*Ils sont,* initiales *i, s.* — *reçus,* syllabe retournée *er.* — *triomphants,* initiale *t,* ou syllabe interrompue *t-r-i.* — *hier,* en toutes lettres. — *ils étaient,* initiales *i, e.* — *errants,* syllabe courante *er.* — *et sans,* initiale *e, s.* — *ressources,* syllabe retournée *er.*

Voici maintenant un nom qui a pris naissance aux temps des guerres religieuses, et quoiqu'il s'écrive de trois manières différentes, il n'en renferme pas moins toujours les mêmes idées.

**LEFEBVRE** : *Le feu brûle vif le renégat.*
**LEFÈVRE** : *Le feu réclame le renégat en vie.*
**LEFEBURE** : *Le feu brûle vif un renégat.*

*Le,* en toutes lettres. — *feu,* syllabe courante *fe.* — *brûle,* initiale *b* ou syllabe interrompue *b-r-u, v* pour *u.* — *vif,* initiale *v.* — *le* (indiqué). — *renégat,* syllabe courante *re.*

Dans les autres manières d'orthographier le nom, l'accent remplace la lettre *n,* et sert ainsi à former la préposition *en.*

Si les noms d'hommes offrent des sens divers et variés, il en est de même des prénoms. Ces derniers, en outre, sont individuels et non collectifs. Nous nous contenterons d'en citer ici quelques exemples remarquables en renvoyant le lecteur, pour plus amples explications, à notre traité de *la Découverte de l'origine et des étymologies des mots qui entrent dans la langue française.*

Chacun connaît la rose, cette fleur belle entre toutes et décorée du titre de reine, et ce que chacun sait aussi, c'est que souvent le nom de Rose est employé à titre de prénom.

Voici les nombreuses significations de rose fleur et de Rose prénom.

**ROSE** (fleur) : *Elle est reine et son royaume est estimé.*

*Elle*, initiale *e*. — *est*, syllabe retournée *se*. — *reine*, initiale *r* ou syllabe interrompue *r-e*. — *et*, initiale *e*. — *son*, syllabe retournée *os*. — *royaume*, syllabe courante *ro*. — *est*, syllabe retournée *se*. — *estimé*, syllabe retournée *se*.

*Son odeur et son rouge sont estimés et recherchés.*

*Son*, syllabe retournée *os*. — *odeur*, initiale *o*. — *et*, initiale *e*. — *son* (indiqué). — *rouge*, syllabe courante *ro*. — *sont*, syllabe retournée *os*. — *estimés*, syllabe retournée *se*. — *et* (indiqué). — *recherchés*, initiale *r* ou syllabe interrompue *r-e*.

*Elle est souvent offerte seule et rarement refusée.*

*Elle*, initiale *e*. — *est*, syllabe retournée *se*. — *souvent*, syllabe retournée *os*. — *offerte*, initiale *o*. — *seule*, syllabe courante *se*. — *et rarement*, initiales *e*, *r*. — *refusée*, initiale *r* ou syllabe interrompue *r-e*.

*Elle orne souvent robes et seins.*

*Elle*, initiale *e*. — *orne*, syllabe retournée *ro*. — *souvent*, syllabe retournée *os*. — *robes*, syllabe courante *ro*. — *et*, initiale *e*. — *seins*, syllabe courante *se*.

Voici maintenant les significations diverses du mot Rose prénom.

**ROSE** (prénom) : *Elle se sent rougir sans oser révéler son secret.*

*Elle*, initiale *e*. — *se sent*, syllabes courantes *se*. — *rougir*, syllabe courante *ro*. — *sans*, initiale *s*. — *oser*, syllabe courante *ose*. — *révéler*, initiale *r*, ou syllabe interrompue *r-e*. — *son*, syllabe retournée *os*. — *secret*, syllabe courante *se*.

*Elle ose souvent sortir seule sans rougir.*

*Elle*, initiale *e*. — *ose*, en toutes lettres. — *souvent*, syllabe retournée *os*. — *sortir*, syllabe retournée *ros*. — *seule*, syllabe courante *se*. — *sans*, initiale *s*. — *rougir*, syllabe courante *ro*.

*Sa ressource ordinaire est en son esprit.*

*Sa*, initiale *s*. — *ressource*, initiale *r* ou syllabe interrompue *r-e-s*. — *ordinaire*, syllabe retournée *ro*. — *est*, syllabe retournée *se*. — *en*, initiale *e*. — *son*, syllabe retournée *os*. — *esprit*, syllabe retournée *se*.

**PIERRE** : *Il est errant par piété et religion.*

*Il est*, initiales *i*, *e*. — *errant*, syllabe courante *err*. — *par*, initiale *p*. — *piété*, syllabe courante *pie*. — *et*, initiale *e*. — *religion*, syllabe courante *re*.

**JACQUES** : *Il est estimé, capable et jamais querelleur.*

*Il*, initiale *j* pour *i*. — *est*, syllabe courante *es*. — *estimé*, syllabe courante *es*. — *capable*, syllabe retournée *ac*. — *et*, initiale *e*. — *jamais*, syllabe courante *ja*. — *querelleur*, syllabe courante *que*.

**CAROLINE** : *L'indigent la chérit, car elle offre or, argent et linge indistinctement.*

*L'indigent*, syllabe courante *lin*. — *la chérit*, initiales *l*, *c*. — *car*, en toutes lettres. — *elle offre*, initiales *e*, *o*. — *or*, en toutes lettres et syllabe retournée *ro*. — *argent*, syllabe courante *ar*. — *et*, initiale *e*. — *linge*, syllabe courante *lin*. — *indistinctement*, syllabe courante *in*.

Les noms des animaux, comme nous l'avons dit déjà, renferment en eux-mêmes les traits les plus propres à les caractériser, à faire ressortir leur nature, leurs instincts et leurs habitudes.

La décomposition de quelques-uns de ces noms va nous en fournir une preuve convaincante.

**CHEVAL** : *Cet animal valeureux, alerte, est cher à l'homme, avantageux aussi en voyage et au combat.*

*Cet animal*, initiales *c*, *a*. — *valeureux*, syllabe courante *val*. — *alerte*, syllabe courante *al*. — *est*, initiale *e*. — *cher*, syllabe courante *che*. — *à*, représenté par *a*. — *l'homme*, initiale *l*, ou syllabe interrompue *l-h*. — *avantageux*, syllabe retournée *va*. — *aussi*, syllabe retournée *va*, *v* pour *u*. — *en voyage et*, initiales *e*, *v*. — *au*, syllabe retournée *va*, *v* pour *u*. — *combat*, initiale *c*.

**CHIEN** : *Il nous cherche, nous chérit, n'est jamais infidèle, nous est encore nécessaire en certaines circonstances.*

*Il nous*, initiales *i*, *n*. — *cherche*, syllabe courante *ch*. — *nous* (indiqué). — *chérit*, syllabe courante *ch*. — *n'est*, syllabe retournée *en*. — *jamais*, initiale *i* pour *j*. — *infidèle*, initiale *i* ou syllabe interrompue *i-n*. — *nous est*, initiales *n*, *e*. — *encore*, syllabe courante *en*. — *nécessaire*, syllabe retournée *en*. — *en*, est en toutes lettres. — *certaines circonstances*, initiales *c*, ou syllabes interrompues *c-e*, *c-i*.

**CHAT** : *Animal chasseur, cherchant à attraper toute chose à table.*

*Animal*, initiale *a*. — *chasseur*, syllabe courante *cha*. — *cherchant*, syllabe courante *ch*. — *à*, représenté par *a*. — *attraper*, syllabe courante *at*. — *toute*, initiale *t*. — *chose*, syllabe courante *ch*. — *à* (indiqué). — *table*, syllabe retournée *at*.

**VACHE** : *Elle aime à vaguer, et chacun cherche à vivre avec elle.*

*Elle aime*, initiales *e*, *a*. — *à*, représenté par *a*. — *vaguer*, syllabe courante *va*. — *et*, initiale *e*. — *chacun*, syllabe courante *ch*. — *cherche*, syllabe courante *che*. — *à* (indiqué). — *vivre*, initiale *v*. — *avec*, syllabe retournée *va*. — *elle*, initiale *e*.

**HIRONDELLE** : *Industrieuse et légère, en hiver elle réside ordinairement loin de nous.*

*Industrieuse*, initiale *i* ou syllabe interrompue *i-nd*. — *et*, initiale *e*. — *légère*, syllabe courante *le*. — *en*, initiale *e*. — *hiver*, syllabe courante *hi*. — *Elle*, en toutes lettres. — *réside*, initiale *r*. — *ordinairement*, syllabe retournée *ro*. — *loin*, initiale *l* ou syllabe interrompue *l-o-i-n*. — *de*, en toutes lettres. — *nous*, syllabe retournée *on*.

**ARAIGNÉE** : *Elle est rarement aimée, en elle néanmoins est art admirable et ignoré.*

*Elle est*, initiale *e* à la fin du mot. — *rarement*, syllabe courante *ra*. — *aimée*, syllabe courante *ai*. — *en*, est en même temps syllabe retournée et syllabe courante au moyen de l'accent : c'est la dernière qui doit être préféréè. — *elle*, initiale *e*. — *néanmoins*, syllabe courante *né*. — *est*, initiale *e*. — *art*, syllabe courante *ar*. — *admirable et*, initiales *a*, *e*. — *ignoré*, syllabe courante *ign*.

**CRAPAUD** : *Animal paraissant avoir une peau dure, couverte de crasse.*

*Animal*, initiale *a*. — *paraissant*, syllabe courante *pa*. — *avoir*, syllabe courante *au*, *u* pour *v*. — *une peau*, initiales *u*, *p* (1). — *dure*, syllabe retournée *ud*. — *couverte de*, initiales *c*, *d*. — *crasse*, syllabe courante *cra*.

**LAPIN** : *Il inspire la pitié; par la peau il intéresse les arts.*

*Il*, initiale *i*, ou syllabe interrompue *i-l*. — *inspire*, syllabe courante *in*. — *la*, en toutes lettres. — *pitié*, syllabe courante *pi*. — *par*, syllabe retournée *ap*. — *la* (indiqué). — *peau*, initiale *p*. — *il* (indiqué). — *intéresse*, syllabe courante *in*. — *les arts*, initiales *l*, *a*.

Ce nom peut encore être traduit de la manière suivante :

*Pauvre animal! il nous intéresse, il inspire la pitié.*

**DE L'ORIGINE DE LÀ LANGUE FRANÇAISE ET DE SON ANCIENNETÉ.**

L'origine comme l'ancienneté de la langue française, ont fourni matière jusqu'à ce jour à bien des conjectures, lesquelles n'ont abouti à rien, sinon qu'à accréditer quelques

---

(1) Il nous est clairement démontré par l'analyse de ce mot, que son orthographe ancienne a été changée à tort. On devrait écrire *crapeaud*, afin que le mot *peau* s'y retrouvât en toutes lettres.

erreurs qui ont pris à la fin la place de la vérité. Dire aujourd'hui que la langue française, gauloise ou celtique, comme on voudra l'appeler, car nous prouverons dans un instant que c'est toujours la même langue sous des noms différents; dire que la langue française ne dérive ni du grec, ni du latin, ni d'aucune langue morte ou vivante, voilà une de ces opinions hardies qui ne sauraient trouver grâce dans l'esprit des savants, opinion qu'ils doivent nécessairement condamner d'avance comme un des paradoxes les plus absurdes et les plus extravagants. Mais nous irons plus loin encore; nous dirons que la langue française est peut-être la plus ancienne langue du monde; qu'il est possible encore aujourd'hui d'en retrouver des traces dans les siècles les plus reculés, et de constater sa perfection même aux temps antiques de Rome et d'Athènes. Dans ces temps si éloignés de nous, déjà elle possédait les principes et les règles qui la caractérisent et que nous retrouverons dans tous les mots indistinctement créés depuis son origine jusque vers le siècle de Louis XIV.

A partir de cette origine, la langue française a suivi une marche progressive à travers des milliers de siècles; elle s'est étendue, développée, perfectionnée, tandis que les langues grecque et latine, au contraire, moins vivaces qu'elle, parce qu'elles n'étaient que des dérivés, ont jeté pour un moment beaucoup plus d'éclat, mais successivement sont arrivées à leur terme d'une manière lente, à ce terme qui fut pour elles la décomposition et la mort.

Cette opinion, toute bizarre qu'elle paraisse au premier abord, ne repose pas, comme on pourrait le croire, sur des conjectures ou des hypothèses subtiles et hasardées, mais bien sur des faits positifs et qu'il est possible de démontrer, comme nous le verrons dans un instant.

.Pour procéder avec ordre ; nous établirons donc ces points essentiels ici, à savoir :

1°. Que les Gaulois, les Celtes et les Français furent toujours un seul et même peuple sous des dénominations différentes ;

2°. Que les Latins adoptèrent pour composer leurs noms et leurs mots, les principes et les règles qui ont présidé à la formation des mots gaulois, celtiques ou français ;

3°. Que loin d'admettre le principe conjectural que la langue gauloise ou française dérive du grec et du latin, c'est bien plutôt l'opinion contraire qu'il faudrait admettre, puis qu'il est possible de l'appuyer de plusieurs démonstrations.

L'histoire nous apprend que les Gaulois et les Celtes prirent le nom de Français alors que certains peuples venus des contrées du nord, et qui s'appelaient Francs, pénétrèrent dans la Gaule et y établirent leur empire. Les Francs, disent encore les historiens, se présentèrent aux Gaulois, non en conquérants, mais bien en frères d'armes et en libérateurs. Ils arrivèrent dans les Gaules avec le dessein de réunir leurs efforts à ceux des vaillants Gaulois pour se débarrasser en commun du joug et de la servitude que les Romains faisaient peser depuis longtemps sur eux.

Si nous n'avions, pour nous confirmer dans cette opinion, les récits de l'histoire, il nous serait possible encore d'invoquer à l'appui la signification claire et précise de ces deux mots célèbres, FRANCS, LYS (orthographe ancienne).

Voici cette signification :

FRANCS : *Nous annonçons franchise rare.*

*Nous*, initiale *n.* — *annonçons*, syllabe courante *an.* — *franchise*, syllabe courante *franc.* — *rare*, syllabe courante *ra.* (C'est par corruption de la langue, que le mot *franc* s'écrivait autrefois avec un *k* au lieu d'un *c.*)

Le mot LYS, ce symbole des Francs, a subi aussi les altérations du temps. Il s'écrit encore aujourd'hui avec un *i* simple au lieu de l'*y* grec ou *i* double qui lui appartient, et que nous lui restituons parce qu'il lui est indispensable.

**LYS** : *Signifie liberté ici.*

*Signifie*, syllabe retournée *is*, l'*y* servant comme *i*. — *liberté*, syllabe courante *li*, *y* servant comme *i*. — *ici*, est représenté dans les mots par *y*.

Les Francs, comme les Gaulois, combattaient pour la liberté.

Lorsque, dans les temps antiques, des Gaulois envahirent une province grecque, ils lui donnèrent le nom de Gallicie, à cette fin de témoigner au monde qu'ils étaient à la recherche d'une patrie libre. Ce nom signifie :

**GALLICIE** : *La Gaule libre est ici.*

*La*, syllabe retournée *al*. — *Gaule*, syllabe courante *ga*. — *libre*, syllabe courante *li*. — *est*, initiale *e*. — *ici*, en toutes lettres.

Rapprochons maintenant de ces mots FRANCS, LYS, GALLICIE, les mots plus anciens encore, CELTES et GAULOIS.

Les historiens s'accordent assez généralement à considérer les Celtes et les Gaulois comme un seul et même peuple. Mais à défaut de raisons suffisantes pour expliquer cette différence de noms, ils l'ont motivée sur des divisions territoriales, sans s'arrêter à cette considération que ces divisions ont été établies par les conquérants des Gaules, non en vue de séparer des peuples différents entre eux, mais bien de les dominer plus aisément.

« La Gaule, dit César (1), est divisée en trois parties. L'une est habitée par les Belges, l'autre par les Aquitains, la troisième par ceux qui dans leur langue s'appellent Celtes, et dans la nôtre Gaulois. »

Ce passage de César, comme beaucoup d'autres que nous pourrions citer, nous prouve de la manière la plus évidente que cet habile conquérant était peu versé dans la science géographique de la Gaule, et connaissait bien moins encore la langue des peuples qui l'habitaient. S'il eût connu la signification des mots CELTES et GAULOIS, il se fût bien gardé de dire que les Celtes s'appelaient de ce nom chez eux, tandis qu'on les appelait Gaulois chez les Romains.

Ce que paraît ignorer César et tous les historiens qui depuis ont écrit sur la Gaule, c'est que cet immense pays se partageait, par rapport à la nature des travaux ou des occupations de ses habitants, en deux parties bien distinctes. L'une, la moins propre à la guerre, se livrait exclusivement à la culture du sol et des arts qui en dépendaient; l'autre, au contraire, ne connaissait que le métier des armes et cherchait toutes ses occupations uniquement dans la guerre.

La décomposition des mots CELTES et GAULOIS va mettre ce fait historique dans une complète évidence.

**CELTES** : *Ceux-là cultivent les terres en tout temps.*

*Ceux*, syllabe courante *ce*. — *là cultivent*, initiales *l, c.* — *les*, syllabe retournée *el.* — *terres*, syllabe courante *te.* — *en tout*, initiales *e, t.* — *temps*, syllabe courante *te.*

---

(1) *Commentaires*, liv. I.

**CELTE** : *Celui-là cultive les terres en tout temps.*
**CELTIQUE** : *Indique ce qui est celte.*

*Indique*, initiale *i*. — *ce*, en toutes lettres. — *qui*, syllabe courante *qu*. — *est*, initiale *e*. — *celte*, syllabe courante *celt*.

**GAULOIS** : *Guerriers vaillants, oisifs, allant agir ou vaguer au loin.*

*Guerriers*, initiale *g*. — *vaillants*, syllabe retournée *au*, *u* pour *v*. — *oisifs*, syllabe courante *ois*. — *allant*, initiale *a*, ou syllabe interrompue *a-l*. — *agir*, syllabe retournée *ga*. — *ou*, initiale *o*. — *vaguer*, syllabe retournée *gau*, *u* pour *v*. — *au*, en toutes lettres. — *loin*, syllabe courante *loi*.

La valeur guerrière des Gaulois était connue du monde entier. Les Grecs et les Romains surent l'apprécier dans plus d'une occasion. Ces Gaulois envahirent et soumirent des provinces grecques; ils surent pénétrer dans Rome et s'en rendre maîtres au temps de sa grandeur et de sa puissance; enfin, ce fut encore un Gaulois qui défia un jour le plus brave de l'armée romaine dans un combat singulier.

La décomposition des mots DIEUX, CELTES, GAULOIS, nous a donné déjà quelques preuves de l'ancienneté et de la nationalité de la langue française. Nous avons vu que le même principe et les mêmes règles qui ont présidé à la formation de tous les mots indistinctement que nous avons analysés jusqu'ici, se retrouvent encore dans ces derniers. Les phrases qu'ils renferment nous démontrent assez clairement, qu'aux temps antiques où ils furent formés, la langue gauloise ou française avait déjà atteint un haut degré de perfection.

Faut-il s'étonner maintenant si aucun des écrits de ces peuples anciens et guerriers n'est arrivé jusqu'à nous? L'invasion réitérée des Gaules par des hordes barbares, la domination des Romains pendant plusieurs siècles sur ce vaste empire ; leurs constants efforts pour détruire la nationalité et jusqu'à la langue des Gaulois, nous donnent une explication suffisante de ce fait. Mais ce que les Romains n'ont pu détruire ; ce qui nous reste comme un monument qui doit attester à jamais le génie, le savoir aussi bien que la nationalité de la langue des Gaulois, ce sont les mots créés par eux, et que nous retrouvons encore dans notre langue. Ici la vérité nous apparaît dans tout son jour, et le doute n'est plus permis.

La religion des Gaulois n'était pas celle des Grecs et des Romains; elle en différait sur beaucoup de points. Si ces peuples adoraient quelquefois les mêmes dieux, c'étaient toujours sous des noms différents, ce qui nous prouve la différence des cultes, des langues et des idées, puisque maintenant la preuve nous est acquise que les mots et les noms ont été faits pour expliquer complétement les idées.

Le maître des dieux chez les Romains, le dieu le plus puissant, s'appelait Jupiter, et le même dieu chez les Gaulois s'appelait Taramis.

Voyons, par l'analyse de ces deux noms, la diversité des idées de ces peuples à l'égard de cette fausse divinité.

**JUPITER** : *Ille judex et pater terribilis.* (Celui-ci est juge et père terrible.)

*Ille*, initiale *i*. — *judex*, syllabe courante *ju*. — *et*, en toutes lettres et syllabe retournée. — *pater*, initiale *p*. — *terribilis*, syllabe courante *ter*.

La phrase est plus parfaite encore si l'on met *piter* au lieu de *pater*.

> **TARAMIS** : *Si son arme terrible* (le tonnerre) *attaque tout, arrache tout; ses amis sont rares.*

*Si*, en toutes lettres et syllabe retournée. — *son*, initiale *s*. — *arme*, syllabe courante *ar*. — *terrible*, initiale *t*. — *attaque*, syllabe retournée *ta*. — *tout*, initiale *t*. — *arrache*, syllabe courante *ar*. — *tout* (indiqué). — *ses*, initiale *s*. — *amis*, en toutes lettres. — *sont*, initiale *s*. — *rares*, syllabe courante *ra*.

Les Grecs et les Romains avaient à peu près les mêmes idées à l'égard du dieu Apollon. Aussi les premiers l'appelaient-ils *Apollon*, et les Latins *Apollo*; quant aux Gaulois, ils appelaient le même dieu *Bellénus*. Voici la pensée que renferment ces noms.

> **APOLLO** : *Pollentem locutionis logices artem omnibus affert.*
> (Il nous donne à tous l'art puissant et attrayant de l'éloquence et du raisonnement.)

*Pollentem*, syllabe courante *poll*. — *locutionis*, syllabe courante *lo*. — *logices*, syllabe courante *lo*. — *artem omnibus affert*, initiales *a*, *o*.

Si l'Apollon des Grecs et des Latins était le dieu de la poésie, de la médecine, de la musique et des arts; l'Apollon des Gaulois, Bellénus, jouissait dans l'esprit de ces derniers du pouvoir de guérir les maladies, d'arrêter la mortalité, d'accorder enfin de longs jours exempts d'inquiétudes et d'infirmités. Quand nous disons des jours, nous voulons vous parler des nuits, car, comme nous l'apprend César, les Gaulois, tout différents des autres peuples, comptaient le temps par les nuits et non par les jours.

**BELLÈNUS** : *Ses nuits sont belles, légères et sans ennui;
espérons en elles.*

*Ses*, initiale *s*. — *nuits*, syllabe courante *nu*. — *sont*,
initiale *s*. — *belles*, syllabe courante *belle*. — *légères*, syllabe courante *lé*. — *et sans*, initiales *e*, *s*. — *ennui*, syllabe
courante *en*. — *espérons*, initiale *e*. — *en*, est en toutes
lettres, accent pour *n* (1). — *elles*, syllabe courante *elle*.

Les prêtres des Gaulois s'appelaient *druides*, et jamais
aucun peuple, ancien ou moderne, n'eut des dignitaires de
ce nom dans l'ordre religieux, civil ou militaire. Ces druides
jouissaient chez les Gaulois d'une grande considération. Ils
instruisaient la jeunesse et étaient spécialement chargés de
tout ce qui avait rapport au culte des dieux. La signification de ce mot DRUIDES se rapporte parfaitement aux fonc-
tions dont ils étaient chargés.

**DRUIDES** : *Ils descendent des dieux justes, universels, et
en donnent des idées droites.*

*Ils*, initiale *i*. — *descendent*, syllabe courante *des*.
*des*, en toutes lettres. — *dieux*, syllabe retournée *id*. —
*justes*, syllabe retournée *ui*, *i* pour *j*. — *universels*, initiale
*u*. — *et en donnent*, initiales *e*, *d*. — *des* (indiqué). —
*idées*, syllabe courante *ide*. — *droites*, syllabe courante *dr*.

Voilà donc des mots dont l'origine remonte aux temps les
plus reculés, dont l'origine même se perd entièrement dans
la nuit des temps; les voilà qui apparaissent enfin avec leur
signification claire et précise, comme s'ils étaient encore en
usage parmi nous, et eussent été formés il y a peu de

---

(1) L'accent aigu, bien plutôt que la lettre *n*, appartient ici à la préposition *en*.

siècles. Eh! qui pourrait maintenant hasarder une opinion quelque peu vraisemblable sur les temps où ils furent composés? Qui pourrait dire, par exemple, en quel temps fut fondé l'empire des Celtes ou Gaulois? Qui pourrait affirmer que cet empire n'existait pas aux temps reculés de la fondation de Rome et d'Athènes? Homère nous entretient de la guerre de Troie, mais qui pourrait affirmer encore que les Troyens dont il nous parle ne furent pas aussi des Gaulois connus alors sous un autre nom? Ce qu'il y a de bien certain en tout ceci, c'est que les mots que nous avons cités, mots qui ont existé bien longtemps avant le christianisme, expriment des idées claires et précises ; que chacune de ces idées se trouve renfermée dans des phrases complètes construites très-régulièrement et avec une grande pureté de style ; que ces phrases enfin ne diffèrent en rien ou fort peu seulement de celles qu'on pourrait construire aujourd'hui. On fait souvent de nos jours des emprunts aux langues grecque et latine ; les Gaulois, au contraire, avec leur fierté et leur esprit national, n'en voulaient faire d'aucune sorte à l'étranger. Nous avons même quelques raisons de croire que les anciens Grecs et Latins empruntèrent plus d'une fois à la langue des Gaulois des mots et des noms plus propres que les leurs à exprimer leurs idées. S'il n'en était ainsi, comment expliquer cette anomalie bizarre et étonnante, de noms français donnés à des poëtes grecs et latins, *Homère*, *Virgile* et *Horace*, de noms qui expriment parfaitement (ce que ne peuvent faire les noms grecs et latins) les idées propres qu'avaient les Grecs et les Romains de ces grands hommes. On en pourra juger par les analyses suivantes :

**HOMÈRE** : *Homme méritant, merveilleux même en mille récits.*

*Homme*, syllabe courante *hom*. — *méritant*, syllabe courante *mer*. — *merveilleux*, syllabe courante *mer*. — *même*, syllabe courante *me*. — *en*, se trouve en toutes lettres, l'accent remplaçant la lettre *n*. — *mille*, initiale *m*. — *récits*, syllabe courante *re*.

Cette signification du nom d'Homère confirme pleinement l'opinion de quelques savants qui ne voient dans ce nom qu'un pseudonyme, et pensent que cet ancien poëte en portait un autre avant de s'être immortalisé par ses œuvres.

**VIRGILE** : *Il est le grand génie vivifiant et irrésistible.*

*Il*, en toutes lettres. — *est*, initiale *e*. — *le*, en toutes lettres. — *grand*, syllabe retournée *rg*. — *génie*, initiale *g*. — *vivifiant*, syllabe courante *vi*. — *et*, initiale *e*. — *irrésistible*, syllabe courante *ir*.

**HORACE** : *Homme rare et capable, habile à raconter.*

*Homme rare*, syllabes courantes *ho*, *ra*. — *et*, initiale *e*. — *capable*, syllabe retournée *ac*. — *habile*, initiale *h*. — *a*, représenté par *a*. — *raconter*, syllabe courante *rac*.

A ces preuves que les Grecs et les Latins ont emprunté à la langue gauloise ou française, nous ajouterons la suivante.

Le mot français *pont*, se traduit en latin par *pons*; or, dans cette dernière langue, ce mot ne nous paraît avoir aucune signification, tandis qu'elle est parfaitement claire en français.

**PONT** : *Poutre où nous passons tous. — Poutre où on passe toujours.*

*Poutre*, syllabe courante *po*. — *où*, initiale *o*. — *nous*, syllabe retournée *on*. — *passons tous*, initiales *p*, *t*. — *On*, est en toutes lettres dans la dernière traduction.

Ce mot PONT est historique ; il nous apprend que les premiers ponts furent construits tout simplement en bois ou avec des poutres.

Notre langue, comme on peut le voir maintenant, est loin d'être aussi pauvre qu'on veut bien le dire. Cette pauvreté n'existe pas, ou plutôt elle gît entièrement dans l'ignorance complète où nous sommes de ses ressources et de sa richesse.

Il existe dans la langue française une foule de noms qui ont cessé depuis longtemps d'être d'une application fort uste, par cette raison même qu'ils désignent des objets par leur forme ou leur nature, et que l'une et l'autre ont changé plusieurs fois sans que pour cela ces noms aient subi le moindre changement. C'est ce que nous venons de voir dans le mot PONT, mot d'une application fort juste au temps où il fut formé, c'est-à-dire dans ces temps anciens où l'on ne connaissait encore en France que des ponts construits avec des poutres. Le mot LAMPE va nous en offrir encore un exemple, et nous fournira de plus un renseignement curieux sur la forme primitive de cet objet d'éclairage, de nos jours si varié et si généralement employé.

**LAMPE** : *Lame large et pendante ; l'ampoule peut être allumée* (1).

*Lame*, syllabe courante *lam*. — *large*, syllabe courante *la*. — *et*, initiale *e*. — *pendante*, syllabe courante *pe*. — *l'ampoule*, syllabe courante *lamp*. — *peut*, syllabe courante *pe*. — *être*, initiale *e*. — *allumée*, syllabe retournée *la*.

Les Latins et les Grecs ont emprunté à notre langue une foule d'expressions, et de noms particulièrement. Aux preuves que déjà nous en avons données, nous en ajouterons une dernière et des plus concluantes. Nous allons démontrer que, dans des temps très-anciens, une colonie grecque est venue dans la Gaule fonder une ville très-importante, et qu'au lieu d'un nom grec, ce fut un nom français qu'elle donna à cette ville.

L'histoire nous apprend que la ville de Marseille fut fondée par des Grecs ou Phocéens, 600 ans environ avant Jésus-Christ. Eh bien ! le nom de Marseille, donné par les Grecs à la ville qu'ils fondèrent, loin d'être d'origine grecque, est, au contraire, comme nous allons le démontrer, clairement et purement français.

En rapprochant même ce nom *Marseille* de ceux de *Versailles*, ville fondée par Louis XIII, et *Trianon*, palais superbes construits par Louis XIV, on verra de la manière la plus évidente que, malgré les milliers d'années qui séparent les époques mémorables où ces noms prirent naissance, toujours néanmoins le même principe et les mêmes règles ont présidé à leur formation.

---

(1) Il existe encore dans certaines contrées de la Picardie de vieilles lampes pendues au foyer domestique et d'une forme à peu près semblable à celle-ci.

**MARSEILLE** : *Son illustration est en ses arts et ses rares marchandises.* — *Ses rares marchandises et ses arts sont son illustration.*

*Son*, initiale s. — *illustration*, syllabe courante *ill.* — *est*, syllabe retournée *se.* — *en*, initiale *e*, à la fin du mot. — *ses*, syllabe courante *se.* — *arts*, syllabe courante *ars.* — *et*, initiale *e* à la fin du mot. — *ses* ( indiqué ). — *rares*, syllabe retournée *ar.* — *marchandises*, syllabe courante *mar*.

**VERSAILLES** : *Vertu et sagesse se verront ailleurs.* — *Vertu et sagesse se rencontreront ailleurs.*

*Vertu*, syllabe courante *ver.* — *et*, initiale *e.* — *sagesse*, syllabe courante *sa.* — *se*, syllabe retournée *es.* — *verront*, syllabe courante *ver.* — *ailleurs*, syllabe courante *aille*.

Dans la seconde traduction, le verbe *rencontreront* est en syllabe retournée.

**TRIANON** : *On nous trouve très-jolis, très-riants.*

*On*, en toutes lettres. — *nous*, syllabe courante *no.* — *trouve*, syllabe courante *tr.* — *très*, syllabe courante *tr.* — *jolis*, initiale *i* pour *j.* — *très* (indiqué). — *riants*, syllabe courante *rian*.

Nous nous arrêterons là, et nous demanderons maintenant s'il sera permis de douter plus longtemps encore de la nationalité de la langue française, de son antiquité, de la vérité enfin du système ingénieux qui présida à sa formation.

Nous avons révélé le secret que renferme chaque mot, et nous avons la ferme confiance qu'avec la clef que nous

avons donnée, chacun pourra désormais, avec un peu d'é-
tude et de persévérance, découvrir la véritable signification de la plupart des mots et noms de notre langue. Un
des immenses avantages que promet cette curieuse révé-
lation, c'est de répandre prochainement la lumière la plus
vive sur notre histoire ancienne, laquelle, jusqu'à ce jour,
est restée enveloppée d'une obscurité profonde. Semblable
à la vapeur, notre découverte de l'origine et des étymologies des mots est destinée à révolutionner la science
historique, comme la vapeur, de nos jours, est appelée à
révolutionner les arts mécaniques.

Mais puisque nous avons prononcé ces deux mots remarquables, LUMIÈRE et VAPEUR, procédons à l'instant à leur
analyse, que nous placerons ici à la fin de notre sujet,
comme un flambeau de plus destiné à en éclairer toutes
les parties.

**LUMIÈRE** : *Elle luit en éclairant la multitude en mille
rencontres.*

*Elle*, initiale *e*. — *luit*, syllabe courante *lu*. — *en*, est
en toutes lettres, accent pour *n*. — *éclairant la*, initiales
*e, l*. — *multitude*, syllabe retournée *lum*. — *en* (indiqué).
— *mille*, syllabe courante *mi*. — *rencontres*, syllabe courante *re*.

**VAPEUR** : *Elle va partout et paraît peu remuer.*

*Elle*, initiale *e*. — *va*, en toutes lettres. — *partout*,
syllabe retournée *ap*. — *et*, initiale *e*. — *paraît*, syllabe
retournée *ap*. — *peu*, en toutes lettres. — *remuer*, initiale *r*.

FIN.

Paris — Imprimerie Panckoucke, rue des Poitevins, 14.

www.ingramcontent.com/pod-product-compliance
Ingram Content Group UK Ltd.
Pitfield, Milton Keynes, MK11 3LW, UK
UKHW022208070726
13613UKWH00004B/1526